continuar a nascer

continuar a nascer

Mônica de Aquino

Relicário

© Mônica de Aquino
© Relicário Edições

Dados Internacionais de Catalogação na Publicação (CIP) de acordo com ISBD

A657c

    Aquino, Mônica de

    Continuar a nascer / Mônica de Aquino. - Belo Horizonte, MG : Relicário, 2019.
    76 p. : il. ; 13cm x 19cm.
    Inclui índice.
    ISBN: 978-65-5090-005-2
    1. Literatura brasileira. 2. Poesia. I. Título.
2019-1926
                                      CDD 869.1
                                      CDU 821.134.3(81)-1

Elaborado por Vagner Rodolfo da Silva - CRB-8/9410

coordenação editorial
Maíra Nassif Passos

projeto gráfico e diagramação
Caroline Gischewski

revisão
Lucas Morais

RELICÁRIO EDIÇÕES
Rua Machado, 155, casa 1, Colégio Batista
Belo Horizonte, MG, 31110-080

relicarioedicoes.com | contato@relicarioedicoes.com

instagram.com/relicarioedicoes
facebook.com/relicario.edicoes

Para Manu, diminuta constelação

*But only a mother can walk
with the weight
of a second beating heart.*

Ocean Vuong

11	prefácio Prisca Agustoni
17	**coração-placenta**
19	255 batimentos por minuto
22	50% a mais de sangue
24	Nove meses você me espera
27	**a geometria do início**
29	O sim é a cruz
30	Meu desejo era metade da trama
32	Dentro, tão dentro, puxa-me, mergulho o labirinto
35	**pelo olhar submarino**
37	A máquina procura sua existência
39	Conhecer primeiro: ossos e vazios
41	Pelo olhar submarino do ultrassom
42	**variações para o nascimento**
44	Lento, o ar vibra nas vozes
48	O movimento é estreito
52	Volto a ser filha
54	No princípio, o ruído
56	O leite tem a constituição do sangue
59	**tempo : : contradança**
61	"O tempo passa tão depressa", me dizem
62	Parto: palavra para o nascimento
63	Nascer é sempre prematuro
64	**[o que havia antes, o que fica depois]**
75	**sobre a autora**

prefácio

Prisca Agustoni

A experiência da gestação, do corpo em mutação, vivido desde dentro, desde seus mínimos estalos e grandes mergulhos, esse tema tão intrinsecamente feminino e universal não está, entretanto, muito presente na literatura brasileira ou, se está, raramente se apresenta com a delicada violência que nos oferta a poeta Mônica de Aquino no livro *Continuar a nascer*. Uma terna violência, se assim podemos defini-la, pelo que há de mais intenso na experiência transformadora e irreversível que é a de dar a vida. Existe algo de iluminado e violento, ao mesmo tempo, nesse brotar de um sentimento que faz com que o sujeito se desprenda de si para desdobrar-se quase que inteiramente no cuidado com o outro, um ser em formação ainda despido de linguagem e de apego – no mesmo instante em que o corpo parece partir-se, e de alguma forma, perder sua metade, já desabitado: tanto o da mãe quanto o do bebê são subitamente lançados, após o parto, numa estranha orfandade, num estado de abandono, mesmo que transitório.

Os versos de Mônica revelam, junto de toda a beleza, que há algo assombroso nesse nascer de um coração minúsculo dentro do corpo onde há outro coração que bate, todo dia bate. O espanto da espécie, a intuição mais cortante que antecede a palavra, na hora do nascimento, talvez seja a de que cada coração precisa aprender a bater, dali em diante, numa fração de milésimo de segundo, frágil e rapidamente como asa de libélula, na solidão de um corpo que o acompanhará pelo resto da caminhada.

É o momento onde vida e morte mais se assemelham, se juntam, ganham sentido, se dão as mãos. E essa intuição da morte dentro da vida é a faculdade primeira das mulheres.

Isso talvez nos ajude a entender porque nunca foi dada uma ênfase maior à maternidade em nossa tradição literária, fundamentalmente assentada sobre cânones masculinos. O controle por parte da sociedade patriarcal sobre aquilo que lhe escapa, como é por natureza o corpo da mulher, sempre foi causa de medo e de repressão. Eis porque a voz feminina que resolve escrever sobre o seu próprio processo de gestação e de "continuar a nascer" é uma voz corajosa e necessária, por abrir perspectivas mais profundas e subjetivas sobre a releitura da representação do feminino na sociedade.

O nascimento é um evento poderoso dentro da leitura social e simbólica de um indivíduo e de um grupo, e claro que a literatura não se esquivou de tratar desse momento marcante, com maior ou menor sensibilidade e empatia. Mas nesse ato de gestar e "dar à luz" sempre foram escamoteadas as zonas de sombra, os medos, as dores, as pequenas rebeliões internas do sujeito feminino que vivencia a transformação do corpo e da percepção de si (corporal, afetiva, simbólica) no mundo. Essas zonas de sombra estão visíveis, na voz firme da autora, misturadas com o encanto da metamorfose da mulher em mãe, como borboleta que sai do casulo.

Nessa nova obra de Mônica de Aquino temos um canto às vezes grave, às vezes agudo, outras vezes *sottovoce,* que afina elementos em parte dissonantes dessa transformação relativa ao corpo que ganha volume na sua materialidade visível (o livro se abre com um belíssimo poema que prenuncia essa metamorfose), ao passo que ele se agudiza na escuta interior através de um gesto de recolhimento do olhar. Dessa forma, a autora observa os órgãos, o sangue, o líquido amniótico, os primeiros pensamentos da criança na barriga, a própria alma.

Esse olhar interno, "que inverteria a ordem do nascimento", capta o que acontece nessa região movediça e úmida como um mangue que é o útero, e escuta também os longos respiros da alma, seus sobressaltos; dessa peregrinação nos lugares ainda inexplorados da gestação, a poeta volta com um alfabeto renovado e mutante, como um pulmão que se expande e se contrai. Isso é visível nos poemas, inclusive na sua composição formal, esse ir e vir entre o dentro e o fora, entre a extremada ternura evocada por alguns gestos e a frieza da realidade, entre a atenção voltada para a filha em gestação, uma espécie de estrela guia no deserto da medicalização, e o súbito retorno à subjetividade da autora que sente e quer dizer o que está sentindo.

Por isso, considero esse livro intenso, com imagens de uma beleza arrebatadora, como um dos mais necessários nos tempos atuais. Necessário porque reitera a urgência de nos desdobrarmos no outro, vivenciando esse movimento que é terra, sangue, choro, consolo, caminho de volta ao corpo – começo e trâmite de quase tudo: da dor, do medo, mas também da renovação, da esperança e da comoção humana.

Continuar a nascer é um livro necessário também porque contribui para tirar o véu de idealização sobre uma das experiências mais radicais que ao humano é dado vivenciar: o da renovação de uma vida em outro corpo, "diminuta constelação", mostrando quão labiríntico esse caminho pode ser, atravessado por minotauros monstruosos e placentas metálicas, fustigado por perguntas inevitáveis que remetem à nossa trágica e divina condição de seres mortais. Dar vida sabendo que ela é frágil, e mesmo assim insistir nesse gesto de querer ser maior e melhor através do outro. Como escreve Mônica de Aquino, "estar com você é assim – simultâneo – delicado doloroso".

Delicado e doloroso deve ter sido esse ato de amor unido ao ato da escrita, dois espantos entrelaçados numa única espera: a da vida da pequena Manu que devagar tomava corpo no casulo da mãe e da poesia que, lenta e firme, como uma corola abria suas pétalas.

Duas formas complementares e transcendentes de afirmar, ainda, a circularidade da vida que brota em estado de frágil perenidade.

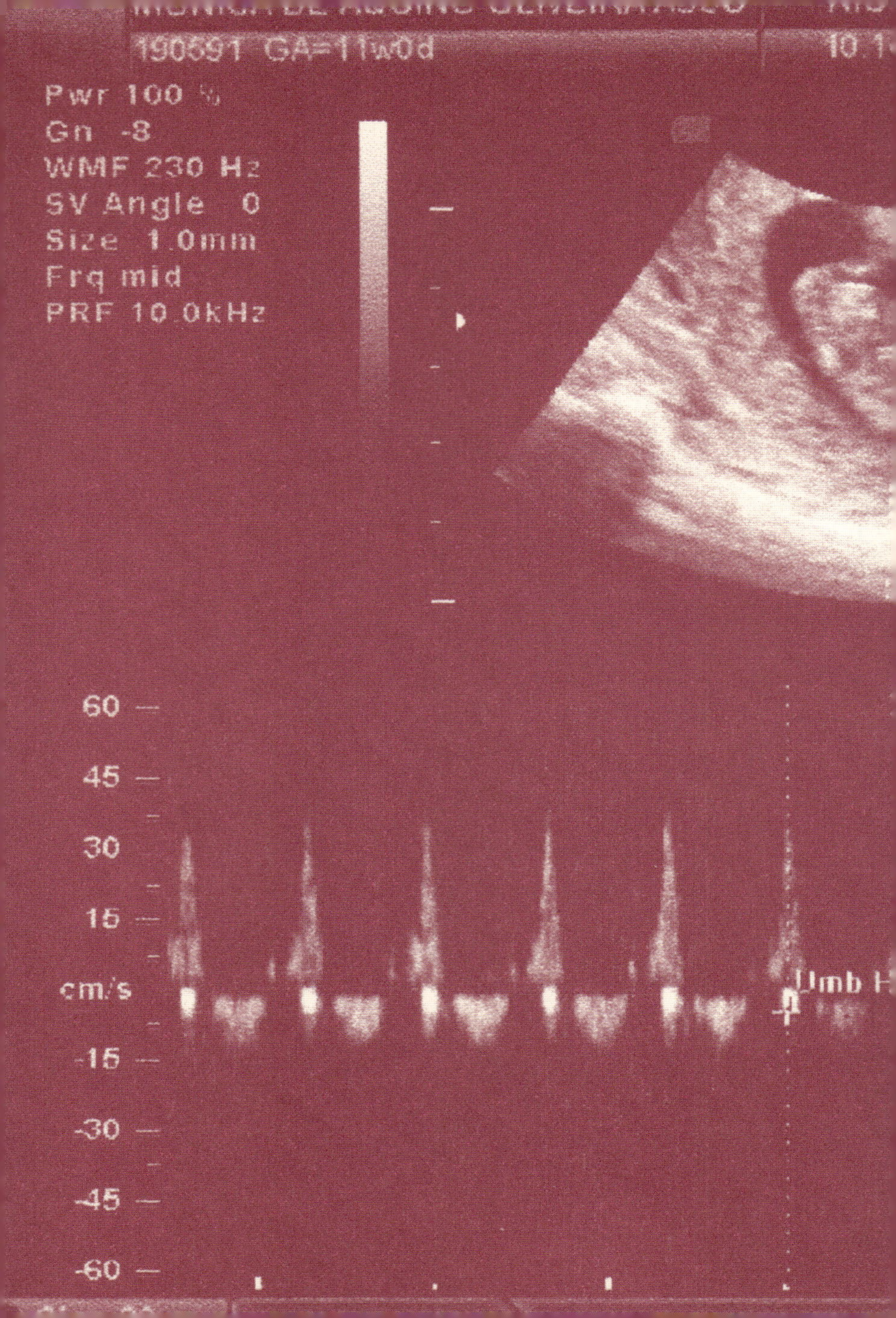

190591 GA=11w0d
Pwr 100 %
Gn -8
WMF 230 Hz
SV Angle 0
Size 1.0mm
Frq mid
PRF 10.0kHz
60
45
30
15
cm/s
-15
-30
-45
-60

coração-placenta

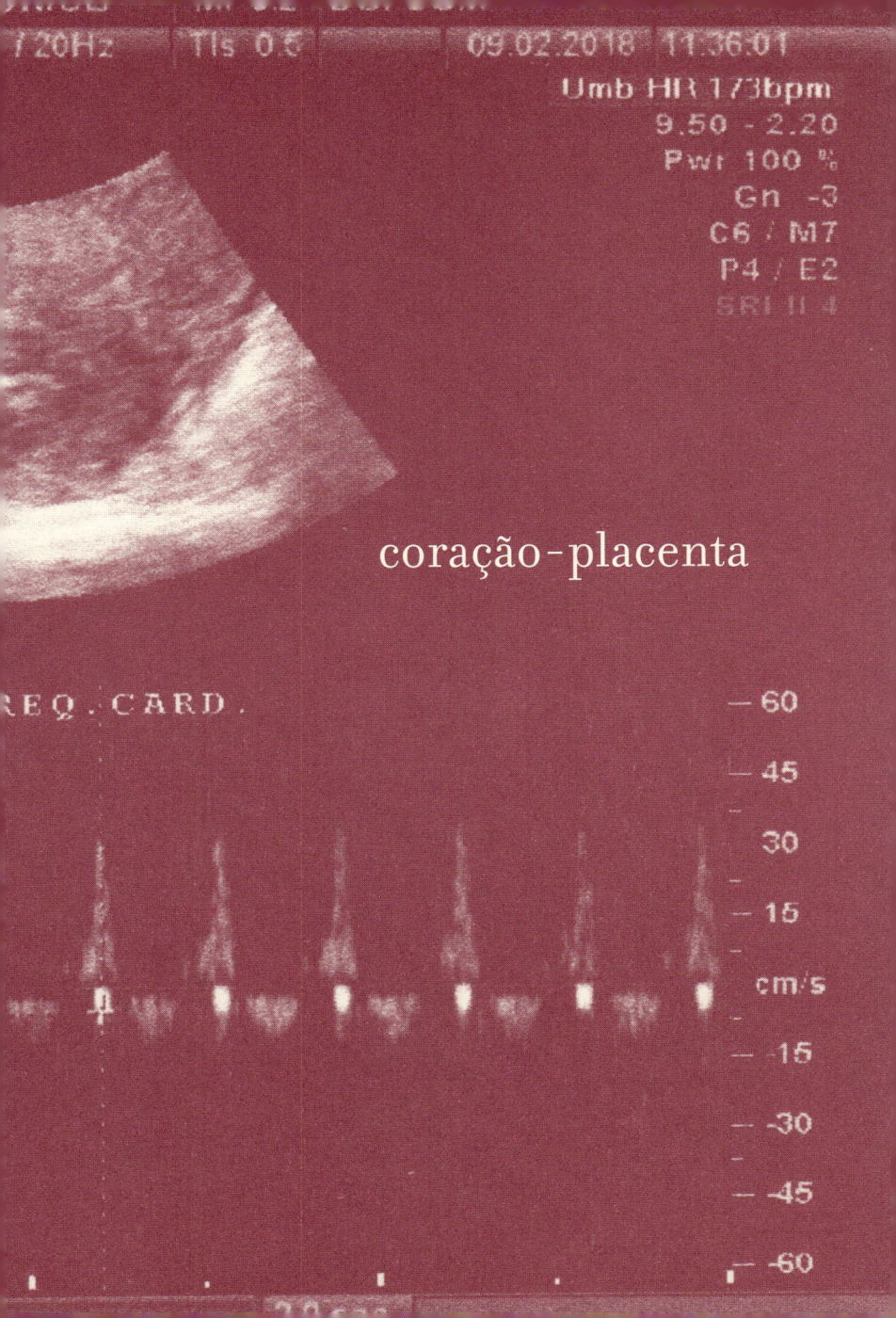

255 batimentos por minuto
seu coração move o meu,
multiplicado.

Como houvesse dentro um gato
à espera,
sobreposto.

Como houvesse dentro um lobo
que transmuta o corpo
em noite e faro.

Como houvesse um pássaro
que inventa um ninho
sobre o voo.

170 vezes bate o seu coração-asa.

A ele minha pulsação se dobra,
somada mais uma vez a frequência.

Como houvesse um coração
em cada palavra.

Pulsa a placenta sob a máquina,
outro coração que te abriga.

— 19
— 19
— 19
cm/s
— -19
— -19
— -19
— -19

Enquanto você guarda pai e mãe
nas batidas, duas vezes mais rápida
calcula:
o tempo do que renasce.

Somamos os três o coração
de uma ave.

Como um cão que a perseguisse
— e que a ela se soma —
enfrento todos os nomes

o ritmo inventa este jogo de encaixe
do som vem o rosto, a carne, os gestos.

Tão rápido o fluxo
preciso fazer-me pequena
para acompanhá-la
filha de novo, aguardo

você tão frágil, peixe doméstico
dentro das margens-correntezas
da mãe-aquário-mar-aberto.

A vida se espalha no que é violência
e canto
sinto o coração oceânico do mundo
-baleia, lento, movendo as águas
o amor, as escolhas

tudo é espera
e só o seu coração acelera
o silêncio

— 21
— 21
— 21
cm/s
— -21
— -21
— -21
— -21

50% a mais de sangue
para o mesmo coração, ou será outro
com as mesmas vísceras, ou outras
a mesma história, ou é outra
que conto a cada dia a você
que se forma, arbitrária.

A vida exige água, carne, tempo
para dois corações novos:
coração-placenta, em cripta
que guarda o seu, subterrâneo
céu que se oculta
big bang particular

O corpo exige estrelas, movimento, aposta.

Tudo é excesso, agora, da sala ao quarto
atravesso um deserto, pulso
taquicardia de um sol interno
mar que se afasta – e se engole em ondas –

A areia da infância, tudo me atravessa
o sangue novo mergulha
              uma promessa
você é minúscula e já toma a casa
o que expulsa: passado, futuro
o que exige, só uma urgência
ancestral
cada batida é volta
para onde, quando, volta

crescem pelos, curvas, sombras,
hipóteses
"tudo aponta para o crescimento", a médica explica
mas há também o que escapa

seu sangue misturado ao meu
o que em mim é início ou retorno,
o chamado do chão
do corpo
— devolvida —
a que mistério e silêncio

O amor possui outra matéria
desconhecida
em explosão

— 23
— 23
— 23
cm/s
— -23
— -23
— -23
— -23

Nove meses você me espera
nove meses fabrica:
esvaziar os desejos, até que sobre
só a matéria
líquida
início sem forma:
nasceremos juntas

trinta e nove anos demoro para me formar
você espera, preciso de mais nove meses
para perder

desfazer o contorno, as conquistas
descer, descer, descer
às primeiras batidas
até a noite das formas
e misturar-me a você
estou no útero, minúscula
ganhando pele, músculo,
aqui no fundo do corpo
escondida do mundo, fundo, fundo
você espera
que eu me forme mais uma vez
exige:
nove meses de testes diários
renascida
de que líquido primordial, fechada
na primeira casa
saltar uma casa, está bloqueada a aposta:

você insiste, adere ao núcleo
mais seis meses, venha, você chama
desça, volte, depois nasceremos
da mesma placenta do mundo
voltar ao primeiro movimento
não saberia nascer sozinha, insinua
desça, desça até aqui, pequena, concentrada
e voltamos:
o caminho é queda, depois espiral
proteger-me da queda, mas só a espera é proteção

não tenho tempo, penso na descida,
você afirma a vida, o tempo é novo, outro alimento
não tenho tempo para nascer, explico
você ignora, espera:
ainda há seis meses para desfazer o medo
você se aproxima, acolhe
sou filha, filha, o corpo cresce, indiferente:
descer, voltar, cair, crescer, crescer, crescer
todos os movimentos são você.

— 25
— 25
— 25
cm/s
— -25
— -25
— -25
— -25

LONG SAC

a geometria do início

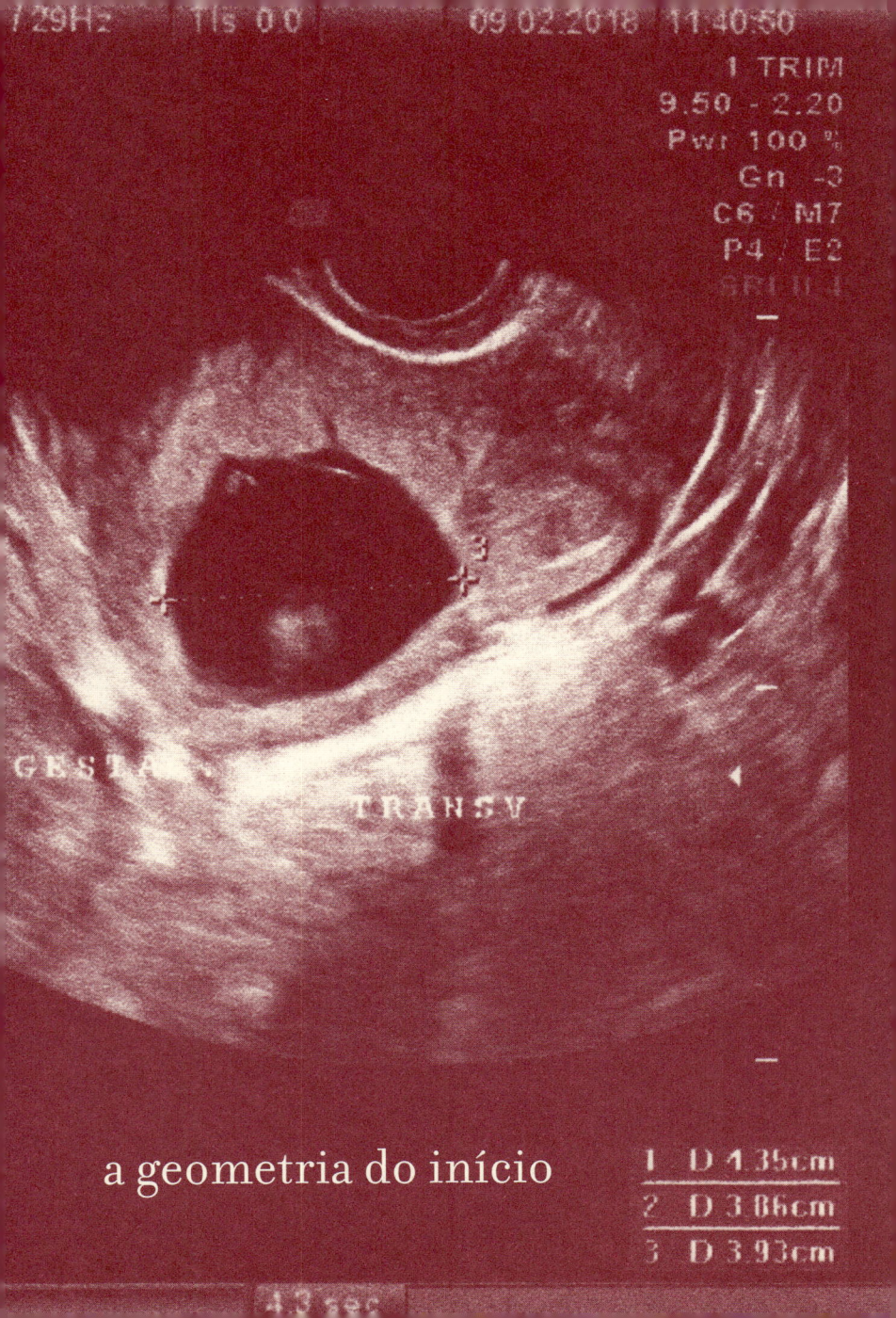

D 2.9 mm

O sim é a cruz
que se apaga em minutos
difícil de distinguir
na tarde clara demais.

O visor, discreto, revela
pequena mancha vermelha:
a fecundação é cruz é sol
signo primitivo
matemático
    [na sombra dos corpos

sobrepostos estamos.

O sim é sinal de soma
do que antes insinuamos
nos dois lados da equação:

os traços inventam meridianos
certo modelo de forma
começa a moldar o silêncio:

linhas de fuga dividem
a nossa vida, antes e depois
de você.

Amanhã será o primeiro dia

Meu desejo era metade da trama
ainda imperceptível sob a pele.
A chegada do amor inventou um contorno:
a soma das tessituras
dos corpos antes desconhecidos
costura o desenho de um filho.
Primeiro, em conversas excessivas.
Depois, sonhando o seu silêncio.

Filho pensado ainda antes do entendimento
do amor, forma em lenta expansão.
Filho-pensamento, filho-princípio, filho-novelo.
E nós dois (a família que inventamos)
filhos deste novelo que agora somos
que nunca terminará de se desfiar.

Sim, minha filha, você não era abstrata
seu pai era a linha, a criar comigo
a ficção do que seria.

Porque ao lado dele ganho o mapa:
pegadas de um novo passado
direção através do labirinto
– o formato (o caminho) da escolha –

D 3.1 mm

céu que se repovoa
neste mapa irrefletido:
as Parcas observam, sorriem,
enquanto ele toca o mapa da minha pele
(e de um céu de palavras)

e tenho certeza, outras estrelas
nascem – estrela-pensamento, estrela-princípio,
estrela-novelo.

E você, filha, é a estranha que vem somar
seu desejo à trama que agora nomeia.

[a partir da leitura do ensaio
Antevéspera, noite interior,
de Gustavo Silveira Ribeiro]

D 3.2 mm

Dentro, tão dentro, puxa-me, mergulho o labirinto:
que minotauro há para destruir, agora
o que foi monstruosidade, será calma

ao final, o fio leva para fora da origem
o mesmo cordão umbilical
mapa:

negar o caminho, desfazer as pegadas
de cada ancestral, só as estradas
não percorridas, a vida no avesso
da trama

(as cidades destruídas)

construir um mundo novo para você
— sair deste labirinto em voo —

refazer as linhas da mão
(você me estende a sua)

outro destino será inventado:
nascer interrompe ultrapassa o tempo.

Setenta vezes sete gerações para perdoar o passado.

PLACENTA

LIQ. AMNIOT

pelo olhar submarino

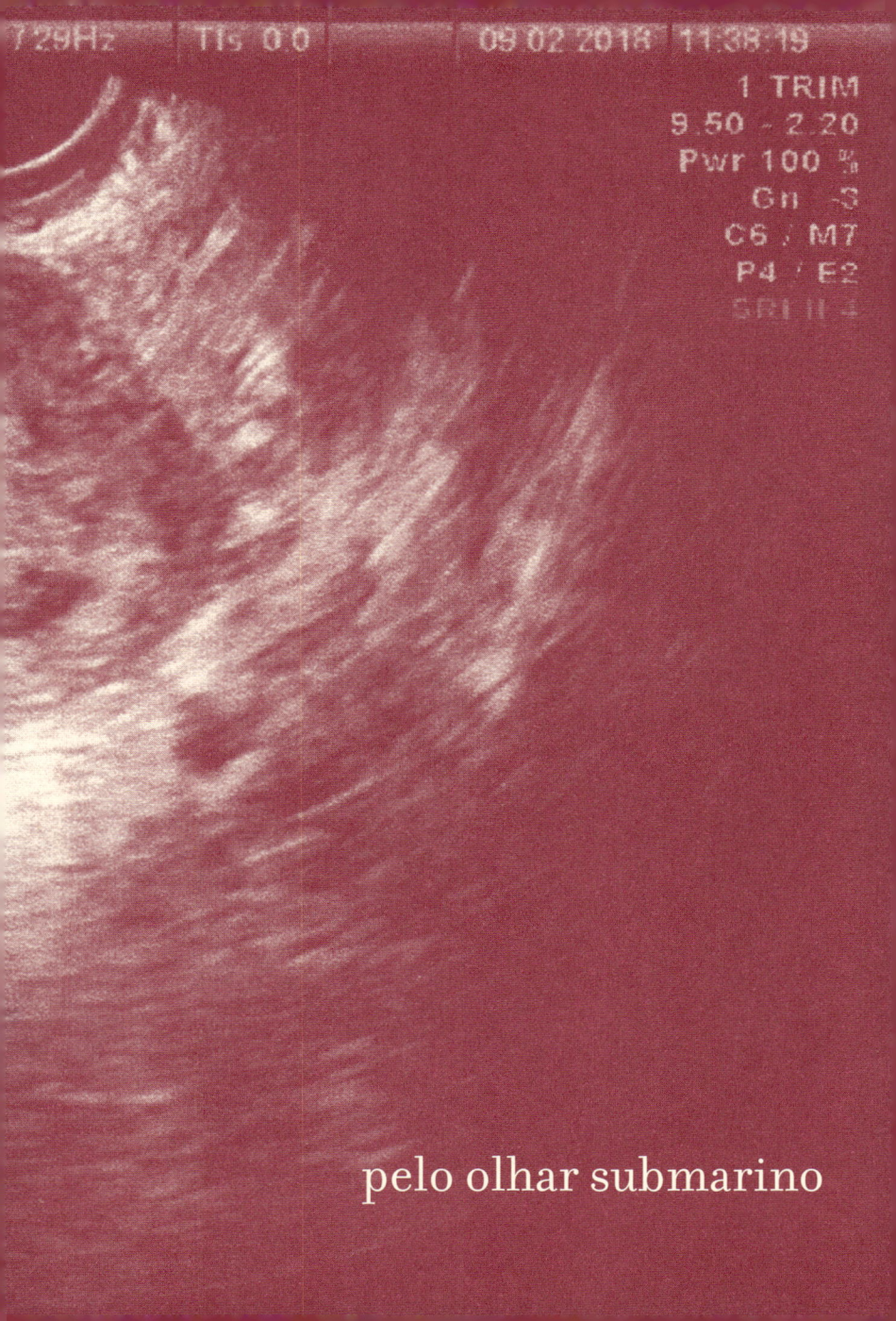

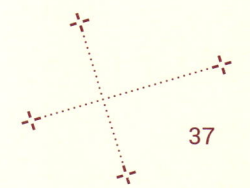

A máquina procura sua existência
você está ali, pequena mancha
à espera de corpo
está ali, no fim da seta
que atravessa a noite do útero
o médico aponta: este é o embrião.

Desenha a reta branca que não condiz
com o movimento da gestação:
labirinto em mutação, jogo de sombras
vejo em contraste.

O sangue não será perda,
é antes, ninho, você escolhe um lado
fixa-se, o sangue é o sinal que emite
primeiro ensaio de comunicação.

Os ouvidos da máquina chegam ao seu coração
duas vezes mais rápido que o meu, descubro
a velocidade é inversa ao tamanho
penso em abelhas, flores, colmeias,
                    [sinto um peixe abissal.

Você é do tamanho de um grão de lentilha
                — toda comparação é vegetal

o corpo, alimento, destrói as simetrias:

o coração como o útero, como um punho
mas o útero se expande, espalmado
envolve você em casulo
o coração repete o ato, envolve-nos,
as mãos se confundem e pulsam
tecem outros nascimentos
palavras, sonhos, gestos

O corpo destrói as defesas
as separações

Conhecer primeiro: ossos e vazios.

Antes de saber o que tocará seu coração,
os mecanismos:
aurículas e ventrículos movem-se,
gravamos os ruídos ocultos.

Vejo a escuridão dos órgãos,
o funcionamento compassado
e ainda não sei sobre pele, cheiro, voz.

Ainda não sabemos sobre nós
mais do que alimento e expansão.

Você também me vê por dentro:
cordão vital, líquido, placenta.
Talvez alguma alegria ou medo.

Em breve, a luz nos apresentará
vamos saber a dor o toque os sentidos
seja bem-vinda, vou dizer,
enquanto você começa a se acostumar
com o mundo.

E esqueceremos a vida orgânica
automática
(ou a guardamos no silêncio)

quem sabe nela também há desejo

e os ossos e vazios terão certa memória
do início.

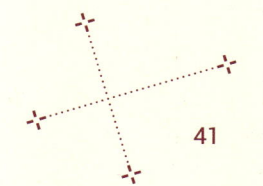

Pelo olhar submarino do ultrassom
te vejo no monitor
sonho o que você vê:
o corpo da máquina, dentro, quase te toca
plástica é a primeira aparição exterior.

Protegida no líquido e na escuridão
você não imagina a luz, a confusão de formas.

Ainda é outono aqui, você cresce no húmus
de perdas e reencontros,
em breve chegará o inverno,
você força as extremidades do corpo.

Pudesse também estender um olhar
em minha direção, pudesse registrar batidas
gestos, investigar o mundo seco
o olho inverteria a ordem do nascimento.

Por enquanto, sonha através da membrana,
imagina seres compactos
curvas são todas as formas
o mundo é liso, compassado

pensa em tocar a superfície alongada
que investiga sua existência,
você se vira, volta
dança ao som do próprio coração.

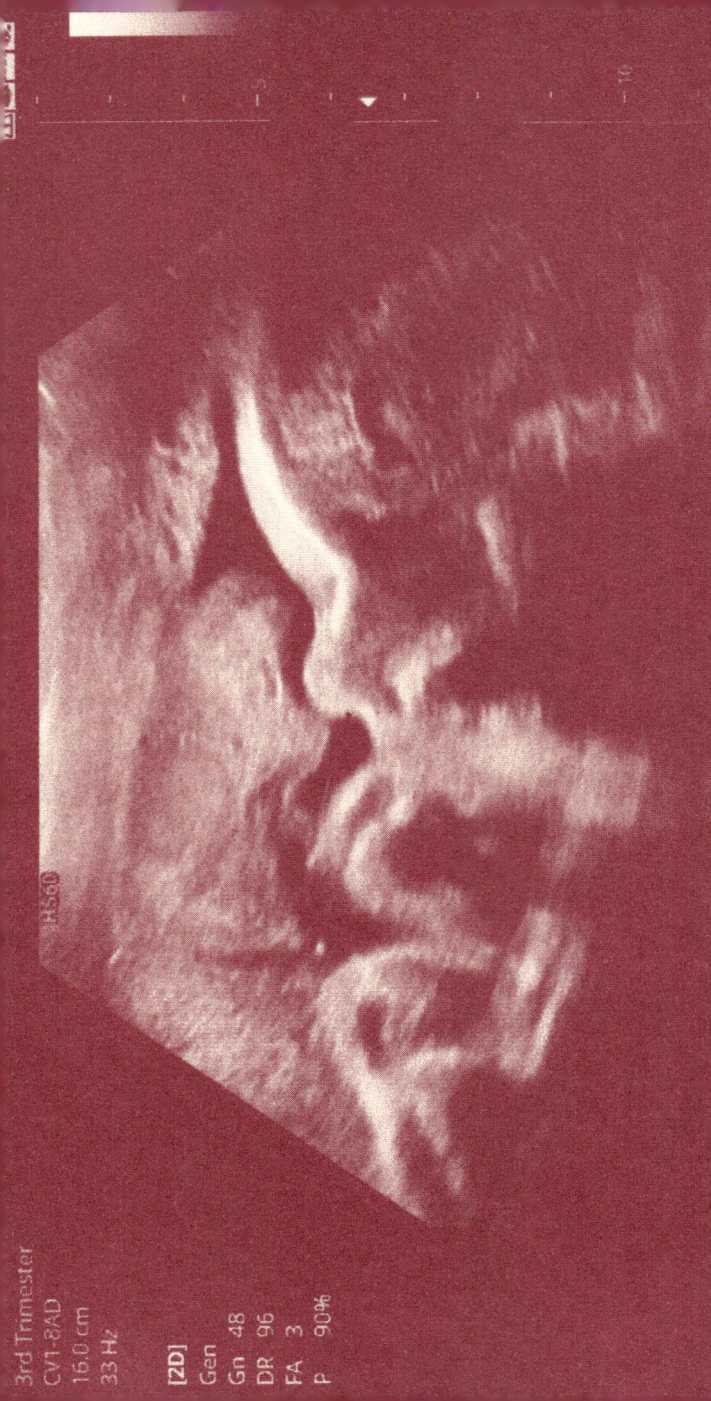

variações para o nascimento

3rd Trimester
CA1-7AD
12.0 cm

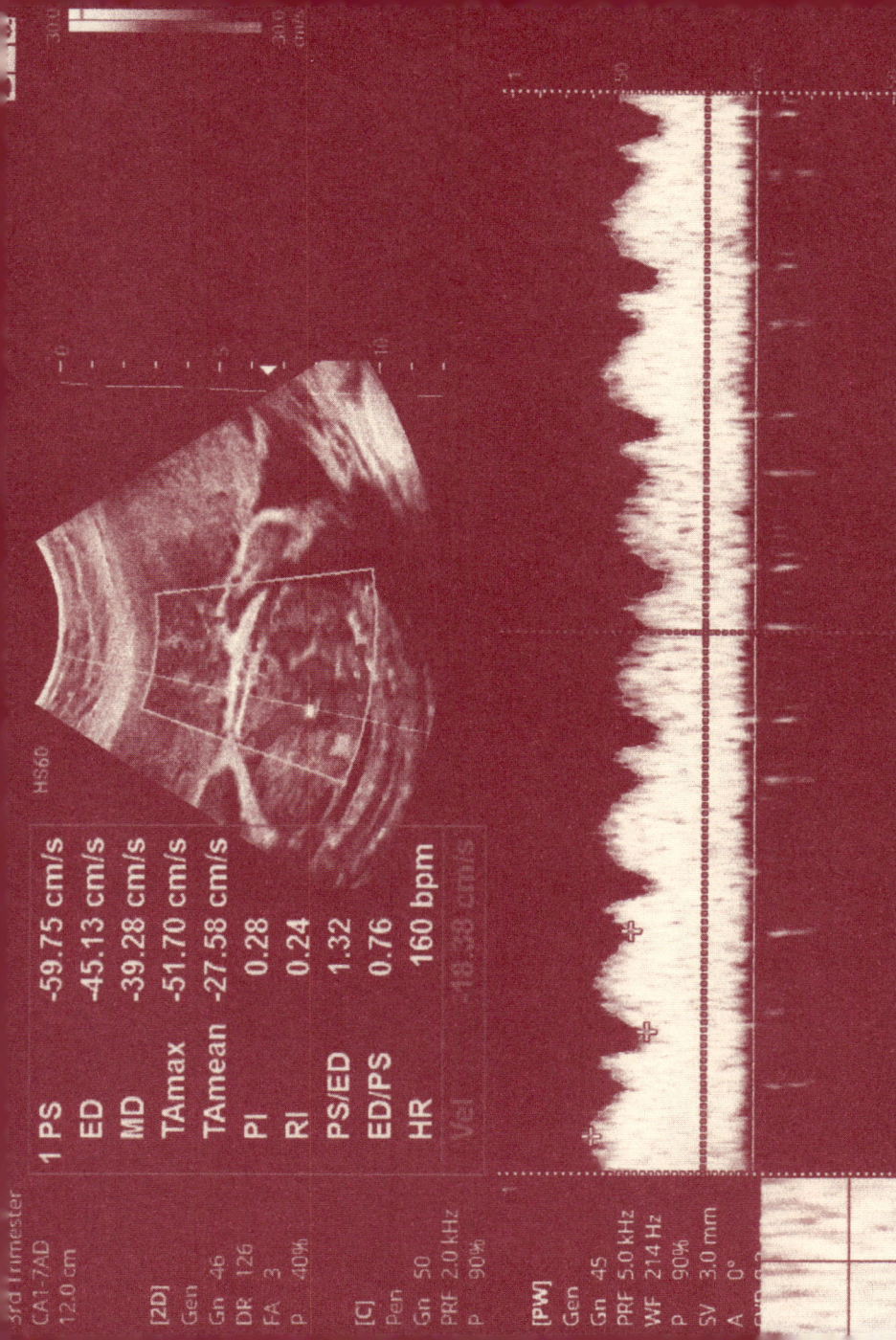

HS60

[2D]
Gen
Gn -46
DR 126
FA 3
P 40%

[C]
Pen
Gn 50
PRF 2.0 kHz
P 90%

[PW]
Gen
Gn 45
PRF 5.0 kHz
WF 214 Hz
P 90%
SV 3.0 mm
A 0°

1		
PS	-59.75 cm/s	
ED	-45.13 cm/s	
MD	-39.28 cm/s	
TAmax	-51.70 cm/s	
TAmean	-27.58 cm/s	
PI	0.28	
RI	0.24	
PS/ED	1.32	
ED/PS	0.76	
HR	160 bpm	
Vel	-18.38 cm/s	

Lento, o ar vibra nas vozes
enquanto falha meu corpo, suspenso
"Foi ao aniversário do Carlos?",
conversam enfermeiros e médicos
sobre outro nascimento

       enquanto pulsa a pele a cama
         o quarto
           a ala inteira, o prédio do hospital

tudo ao meu redor se expande.

"Vai nascer! Nasceu!", dizem, de repente
e tenho ainda tempo para te imaginar.

Você chega antes da hora
confundindo os relógios
precisa de outro útero, metálico seco
te acolhe este abraço plástico:
um mundo asséptico te envolve
e acalma.

Não posso segurá-la, senti-la
do quarto à incubadora,
começo a descobrir a distância
de outra gestação
tudo recomeça em um não:
jejum silêncio assepsia
esperar a anestesia, lembrar que tenho
a metade do corpo
vazia
como já não ser duplicada.

O branco da sala destaca
o avental verde-anti-natural
para qualquer floração
desenraiza meu corpo
que encontra um centro no grito.

sei que te exibem no vidro
mas não consigo me virar
tento te ver de novo no caminho do andar
que será sua casa por um mês.
O ângulo exibe a placenta
que sobre a mesa, ainda pulsa
ou é a própria mesa que pulsa
ou eu que, inerte, expulsa
da coisa mesma que pulsa
destaco qualquer movimento.

Seja bem-vinda, dizem agulhas e sondas
bem-vinda, sussurra o branco da sala
bem-vinda, o branco ecoa.
Acho que te examinam, agora

enquanto outra equipe disseca
a placenta, determina:
pequena precária demais
a que foi um coração
comum a nós

imagino que ainda vibra
expande-se
cala.

O movimento é estreito
oposto:

enquanto você se acostuma
com o espaço
esqueço o contorno

um pulmão se alarga
falha o outro

tudo é exterior e íntimo
como você

que não sabe o corpo
o nascimento, leio:
ainda é extensão
do que fui

e o que sou além
do parto
continuar grávida, terceiro trimestre
depois o segundo, o primeiro,
a concepção

de novo estar só.
O ventre se expande volta
até que outra memória nasça

vivê-la simultânea
a tudo o que perece:

cresce contra o tempo
até a raiz

onde salta, bruta, a flor
sem caule
ou promessa

talvez no mesmo momento
em que você começa
a se reconhecer.

TAmax -51

Volto a ser filha.
Muda, espero a descoberta da primeira palavra.
O balbucio, mamá, papá
reduzir cada fala a um fio mínimo, trôpego.
E esperar, esperar outra língua
sua voz sobre a minha
tantos ancestrais dentro, pequena
fecho-me: você me guarda.
Nova camada na matrioshka familiar
redonda, inexata, guarde a todos nós, menina
dê-nos nova forma,
o atrito, a dúvida, a voz.
Tua pele incômoda nos toca,
a mim, minha mãe
desencaixa todos os fantasmas
abre-nos, liberta o que é repetição.

Nova boneca, feita de volta,
até o primeiro não: dá-me tua mãozinha,
você brinca, chora, mexe os braços
atravessa a história, exige
outra memória, abre-nos, menina
somos todas filhas, matrioshka invertida
ouça:
a primeira boneca balbucia
intocada.

No princípio, o ruído:
você me ensina o balbucio, brinca com a boca
inventa sílabas pequenas e frágeis.

Penso num deus assim, pequeno
que desconhecesse a linguagem:

nascido com o mundo que cria
só aos poucos reconheceria a luz
que inventasse.

Você parece um deus, agora
exigente e tirana, não me conhece
ainda
 [e perdoa

guarda um mundo inteiro
para inventar

TAmax -55

O leite tem a constituição do sangue.
Sangue branco, nomeia o médico
e imagino a cor-aurora, os seios como sóis.
Na boca do bebê, reinventa o circuito:
mãe e filho são de novo um corpo.
Mas você é pequena demais para o esforço
fios te alimentam em outro útero.
Meu corpo ignora a inutilidade do fluxo
alimenta o lençol, o vestido
que voltam à matéria orgânica, úmidos

sou o húmus da casa
sou a medida do desperdício
sou o adocicado da perda que ainda é promessa.

Escolho um vestido florido, roupa de cama com flores

o leite vaza, escorre, inaugura jardins.
Aprendo a colher o leite com as mãos
para ofertar a você, menina, este lírio branco
de alvéolos antigos, macerados na espera.

Ainda não sei o que é fome, o que é corte e o que é calma
nesta manhã excessiva, prolongada
que continua sendo a sua chegada
(sangue branco, poderia ser desta vida que nasce
o nome).

1	Diam Ao	0.9 cm
	D. AE	1.2 cm
	AE/Ao	1.33

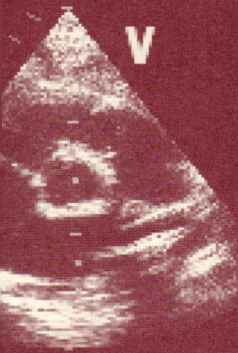

tempo : : contradança

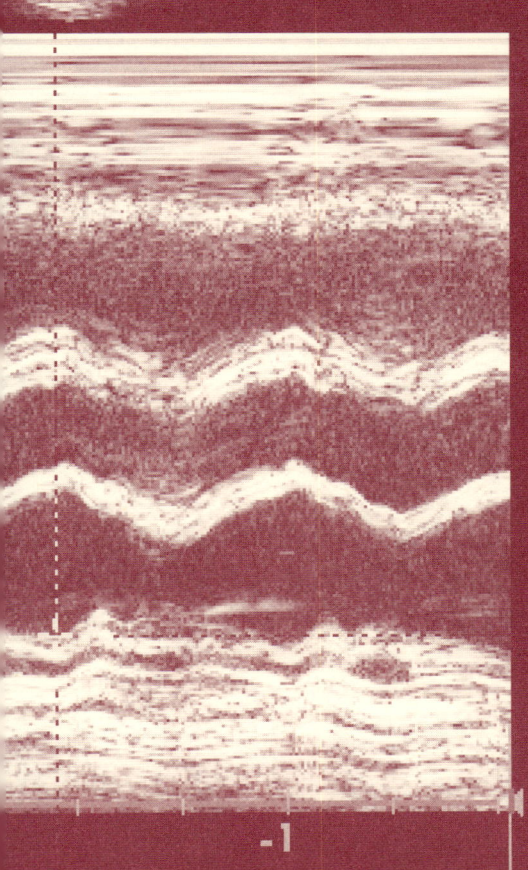

"O tempo passa tão depressa", me dizem
desde que você nasceu,
mas são múltiplos os movimentos
passa, volta, espera, dança em roda
brinca, tece comentários sobre si mesmo,
desloca o mundo
com seu corpo compacto feito de esquecimento
e lembra, lembra,
estar com você é assim

simultâneo
delicado doloroso

O tempo desenha um círculo ao nosso redor
e entra, reduz o espaço
o contorno é elástico, bumerangue
o tempo não passa, para,
está sempre com a gente, agora

outra intimidade se forma
é um bebê que exige cuidados
cresce como você.

-62   -62   -62   -62   -62   -62   -62   -62   -62   -62   -62

Parto: palavra para o nascimento.

Termo de uma gravidez.

Ato ou efeito de parir.

Primeira pessoa do singular do presente
[do indicativo do verbo partir.

Que pode significar: ir embora, deixar um lugar
: separar, dividir
: quebrar, destruir

Parto: o que separa, o que deixa, o que nasce.

Parir é dissolver, transpor, rebentar.

Ou: nascer é partir.

Nascer é sempre prematuro.
Continua no tempo
descontínuo
do corpo
esfera partida.

Sim, nascer é excessivo.
Prolonga-se na vida
diluído em pequenos fins
e voltas

Nascer é também a hora certa.
Verbo que espreita, salta
movimento em círculo.

Nascer é provisório.
Reinventa seu próprio início.

Continuar a nascer até o último dia
e mesmo depois
                        continuar

Agora, sou eu que descendo de você

[o que havia antes, o que fica depois]

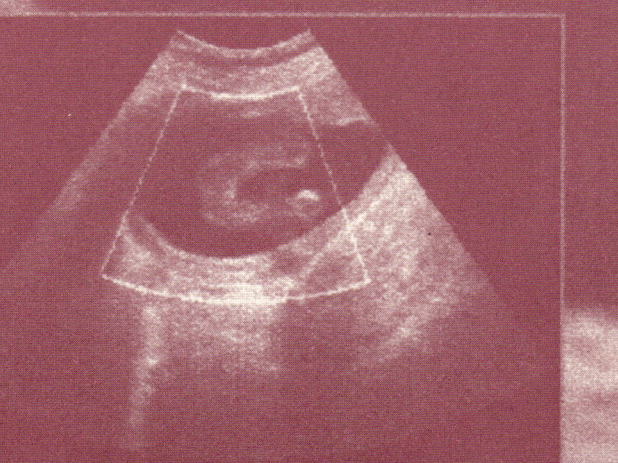

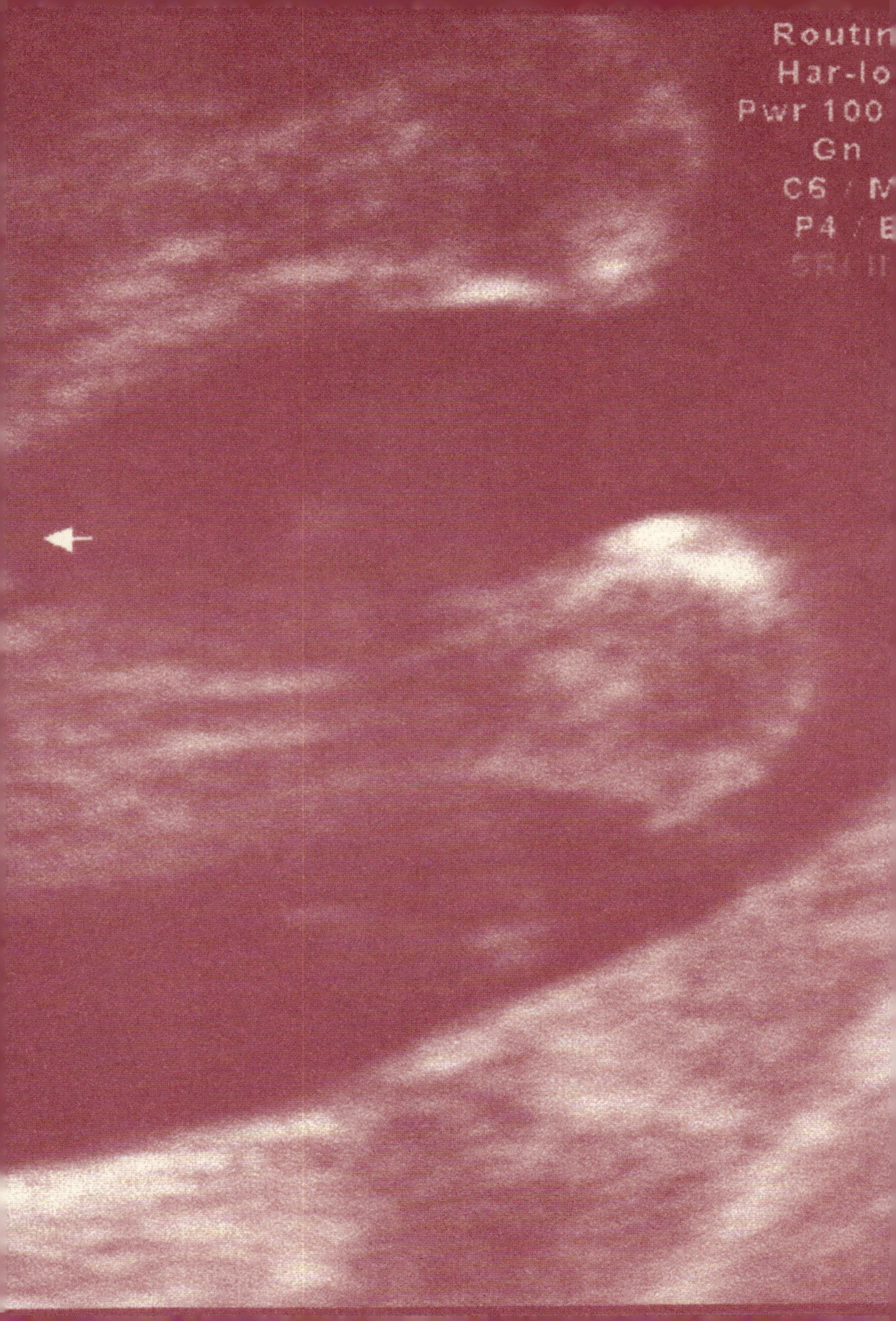
Routin
Har-lo
Pwr 100
Gn
C6 / M
P4 / E

Da sala de espera do obstetra, ouço um coração de bebê. O mesmo som a um só tempo seco e ondulante que ouvi tantas vezes: há poucos meses era eu ali naquela sala – e na clínica de ultrassom – ouvindo o coração da minha filha que agora bate mais tranquilo, separado de mim.

Volta-me a emoção de cada escuta, todas entrelaçadas, desde a primeira: sabíamos da gravidez há cerca de duas semanas quando tive um pequeno incidente, que nos levou ao hospital. No exame de imagem, Manuela – ainda sem nome, sexo, forma – não passava de uma pequena mancha que o médico apontava. As batidas do coração, entretanto, já estavam ali, o som parecendo inventar a matéria. Seu coração batia 170 vezes por minuto – mais ou menos o dobro da velocidade de um coração adulto. Comecei a ter contato com dados médicos: em meu corpo circularia cerca de 50% a mais de sangue durante a gravidez, por isso tanto cansaço; daria conta de duas vidas, ambas em formação – porque eu também estava sendo (re)tecida na gestação.

Foi impelida por esse ritmo – da pulsação, da máquina que procura sinais vitais – que comecei a produzir esta série de poemas. A ideia era escrever sobre a experiência da gravidez a partir das mudanças do meu corpo, tantas vezes violentas, na constituição de uma vida. O último trimestre da gestação adicionou violência, corpo e máquina ao processo: descobrimos uma pré-eclâmpsia grave, que levaria ao parto prematuro. O acompanhamento meticuloso da equipe médica e uma série de remédios e injeções, além do repouso, reduziram as consequências da doença ao baixo peso da nossa bebê, que nasceu com 1,115kg e precisou viver no hospital por um mês, afastada a maior parte do tempo de nós, mas sem nenhum problema de saúde. Até o parto, entretanto, entramos em um período de constante apreensão e espera e cuidado, com ultrassons quase diários, medições do fluxo sanguíneo, do tamanho, do líquido amniótico.

A experiência dos exames perdeu parte de seu caráter lúdico para ganhar uma dimensão crua e de urgência que me deixou em silêncio. O final da gravidez e o parto, portanto, só viraram palavras depois de um tempo, já atravessadas pela existência plena da Manu, que agora, enquanto escrevo, dorme ao meu lado. Mesmo assim, parece que cada verso foi escrito comigo ainda grávida e recém-parida, com as duas vivências simultâneas, como se a gravidez se prolongasse no tempo para além do nascimento. Ainda volto, aos poucos, para o estado anterior do corpo, não grávido, vazio. Sinto falta da barriga, mesmo com todas as dificuldades que a gestação me trouxe. Sinto falta de ouvir um outro coração batendo, como um pequeno motor que tocasse em engrenagens desconhecidas em mim até então – e que ainda estão em movimento.

O título *Continuar a nascer* foi retirado de um poema de Ricardo Aleixo. Eu não poderia dizer melhor o que sinto – ou pressinto – agora, um nascimento que se prolonga na maternidade, na vida em família, e que atravessa o tempo – passado, futuro –, e que me atravessa em tudo o que ainda não sei nomear; que resta como ruído, seco, ondulante, violento, inaugural, contínuo.

Dezembro, 2018

sobre a autora

Mônica de Aquino (1979), nasceu em Belo Horizonte. Publicou *Sístole* em 2005 pela editora Bem-Te-vi e *Fundo falso* em 2018 pela Relicário Edições, livro vencedor do Prêmio Cidade de Belo Horizonte de 2013 e finalista do Prêmio Jabuti 2019. Publicou, também, cinco livros infantis, todos pela editora Miguilim. Participou de antologias como *Roteiro da poesia brasileira 2000* (ed. Global) e *A extração dos dias* (Escamandro) e tem poemas publicados em periódicos como *Poesia Sempre* e *Revista Piauí*. Prepara, atualmente, seu próximo volume de poemas, *Mofo em floração*, série de textos em que dialoga com o trabalho de outros poetas e artistas plásticos.

Este livro foi impresso no segundo semestre de 2019,
setenta anos depois da primeira publicação, em jornal, do poema
"A Máquina do Mundo", de Carlos Drummond de Andrade;
cinquenta anos após *Transposição*, estreia poética de Orides Fontela
e 472 dias depois do nascimento de Manuela de Aquino Ribeiro.